Eiscreme

Sorbet & Frozen Yogurt

Gabriele Redden

Eiscreme
Sorbet & Frozen Yogurt

Bassermann

Vorwort

In China ist Eiscreme schon seit 3000 Jahren bekannt, bei uns haben es erst die Italiener seit Anfang des 20. Jahrhunderts richtig populär gemacht. Und wenn wir auch nicht den ersten Platz im europaweiten Eiscreme-Verzehr belegen – da befinden sich die Finnen mit 13 Litern pro Kopf – so sind wir mit immerhin 6 Litern dabei und liegen noch vor den Italienern und Franzosen. Am besten schmecken uns übrigens Vanille, Schokolade und Erdbeere.

Als ich zum ersten Mal in New York war, entdeckte ich gleich am ersten Tag einen Laden mit 31 Sorten Eiscreme. In den vier Wochen, die ich dort bei Verwandten verbrachte, habe ich sie natürlich alle probiert: Pfefferminz, 5 Sorten Schokoladeneis, Kirsche, Pfirsich und alle anderen. Hinterher konnte nicht mehr sagen, welches mir am besten geschmeckt hatte, es war immer das, was ich gerade schleckte.

Dank guter Haushaltsgeräte kann heute jeder sein Eis selber machen – und nicht nur das, jeder kann neue Sorten erfinden. Und dabei soll Ihnen dieses Buch helfen: Kombinieren Sie neue Zutaten, aromatisieren Sie mit Likör und feinen Gewürzen, veredeln Sie ihre Kreationen mit feinen Saucen und geben Sie Ihrem Eis mit einer knusprigen Haube den letzten Schliff.

Viel Spaß dabei wünscht Ihnen

Gabriele Redden

Inhalt

Einleitung

Muss man Eiscreme heute noch selber machen? Bei den unzähligen Sorten, die auf dem Markt zu haben sind, kann doch jeder sein Lieblings-Eis finden. Natürlich muss man nicht, aber man kann! Und wer das kühle Dessert, frei von Konservierungsmitteln, mit dem unverfälschten Geschmack und der wunderbar cremigen Konsistenz einmal genossen hat, der weiß, dass es mit dem Angebot im Supermarkt nicht vergleichbar ist.

Eis kann man mit überraschend geringem Aufwand selber herstellen, und obwohl eine Eismaschine den Prozess beschleunigt und vereinfacht, es geht auch ohne. Wer allerdings wie ich ein Eiscreme-Fan ist, dem rate ich zur Anschaffung eines solchen Gerätes. Es gibt zweierlei Typen, die nach unterschiedlichen Prinzipien arbeiten: Eismaschinen mit Kompressoren können Creme oder Fruchtmasse in kurzer Zeit in Eis verwandeln. Sie sind leider nicht billig und kosten zwischen 150 und 250 €. Bei den preiswerteren Geräten (von 20 bis 50 €) muss der Behälter vor dem eigentlichen Start bis zu 18 Stunden lang im Tiefkühlfach gelagert werden.

Bei beiden Gerätetypen dauert die Zubereitung meistens nicht länger als 30 Minuten, so dass Sie auch ganz spontan auf plötzlichen Eis-Appetit reagieren können, sofern Sie alle Zutaten im Haus haben. Was immer Sie verwenden, beste Qualität und Frische der Produkte ist oberstes Gebot. Bei Früchten kommt es darüber hinaus auf deren Vollreife, Aroma und Unversehrtheit an. Überreife

Früchte oder solche mit Druckstellen beeinträchtigen den Geschmack.

Wer keine Eismaschine hat, füllt die Eismasse in Plastik- oder Metallschalen und rührt die Creme während des Gefrierens mehrfach um. Natürlich müssen alle Gerätschaften, mit denen Sie hantieren, absolut sauber sein.

Für Eis am Stiel füllen Sie die Eiscreme in entsprechende Behälter und gefrieren sie anschließend für 2 Stunden. Dann steht dem vollendeten Genuss von selbstgemachtem Eis nichts mehr im Weg.

Das Wichtigste auf einen Blick

Sorbet
Am besten immer nur so viel Sorbet herstellen, wie man am selben oder spätestens am nächsten Tag servieren will. Danach bilden sich Eiskristalle und mindern das Sorbet-Vergnügen.

Eiscremes mit Ei
Das Eigelb im heißen (aber nicht kochenden) Wasserbad ständig rühren, damit es in der Schüssel nicht gerinnt. Es sind nur wenige Grade Unterschied zwischen Eiercreme und Rührei!

Sorbet
Alkohol gibt Sorbets eine cremigere Konsistenz, weil er den Gefrierpunkt senkt.

Arbeiten ohne Eismaschine
Wenn die Eismasse im Tiefkühlfach steht, sollten Sie für die ersten zwei bis drei Stunden alle halbe Stunde das bereits gefrorene Eis mit einer Gabel oder dem Pürierstab wieder in die Masse einrühren, um ein gleichmäßig cremiges Eis zu erhalten.

Joghurteis
Je fettarmer der Joghurt, desto häufiger muss das Eis während des Gefrierens umgerührt werden.

Creme- & Sahneeis

Weißes Schokoladeneis mit Krokant

Für 6 Portionen

500 ml	Milch
150 g	weiße Schokolade
4	Eigelb
150 g	feiner Zucker
1	Päckchen Vanillezucker
300 ml	Sahne
60 g	Krokant (Fertigprodukt)

1 Die Milch langsam erhitzen und die Schokolade darin schmelzen. Den Topf vom Herd nehmen.

2 Eigelb mit Zucker und Vanillezucker dick aufschlagen, bis sich der Zucker gelöst hat. Unter weiterem Rühren die heiße Schokoladenmilch zufügen und abkühlen lassen.

3 Die Sahne schlagen und unter die Creme ziehen. Krokant untermischen und für 2 Stunden in den Kühlschrank stellen.

4 mit Eismaschine Die Creme in die Eismaschine geben. Für etwa 30 Minuten (oder nach Zeitangabe des Geräteherstellers) gefrieren lassen. Eiscreme entweder sofort servieren oder in einen luftdichten Behälter füllen und bis zur Verwendung in den Gefrierschrank stellen.

4 ohne Eismaschine Die Creme in ein Kunststoffgefäß geben und für ca. 4 bis 5 Stunden im Gefrierschrank gefrieren lassen. Nach einer Stunde mit Pürierstab oder Gabel durchrühren, den Vorgang noch 1- bis 2-mal wiederholen.

5 Die Eiscreme vor dem Servieren etwa 15 Minuten im Kühlschrank geschmeidig werden lassen.

Variation

Statt Krokant 60 g gehackte Schokolade (70 % Kakaoanteil) unterheben.

Feines Pralineneis

Für 4 Portionen

100 g	Zartbitter-Kuvertüre
100 g	Nuss-Nougat-Masse
120 ml	Milch
4	Eigelb
80 g	Zucker
1 TL	fein abgeriebene Orangenschale (unbehandelt)
2–3 EL	Weinbrand oder Rum
350 ml	Sahne

Serviervorschlag
mit Rumtopf-Früchten servieren.

1 Kuvertüre grob hacken, Nougat grob schneiden und beides zusammen in einem Topf über einem Wasserbad schmelzen.

2 Milch mit Eigelb, Zucker und Orangenschale verrühren und in einem Schlagkessel im heißen Wasserbad unter ständigem Rühren in 10 Minuten cremig-schaumig schlagen. Mit der Kuvertüre-Nougat-Mischung und dem Weinbrand oder Rum verrühren. Im kalten Wasserbad so lange schlagen, bis die Masse kalt ist. Die Sahne steif schlagen und unterheben.

3 Die Creme mit Folie bedeckt für 2 Stunden in den Kühlschrank stellen.

4 mit Eismaschine Die Masse in die Eismaschine geben. Für etwa 30 Minuten (oder nach Zeitangabe des Geräteherstellers) gefrieren lassen. Die Eiscreme entweder sofort servieren oder in einen luftdichten Behälter füllen und bis zur Verwendung in den Gefrierschrank stellen.

4 ohne Eismaschine Die Masse in ein Kunststoffgefäß geben und für ca. 4 bis 5 Stunden im Gefrierschrank gefrieren lassen. Nach einer Stunde mit Pürierstab oder Gabel durchrühren, den Vorgang noch 1- bis 2-mal wiederholen.

5 Die Eiscreme vor dem Servieren etwa 15 Minuten im Kühlschrank geschmeidig werden lassen.

Vanilleeis

Für 8 Portionen

2	Vanilleschoten
350 ml	Milch
600 ml	Sahne
175 g	Zucker
8	Eigelb
1	Prise Salz

Serviervorschlag
Vanilleeis mit Fruchtkompott oder -saucen servieren. Berühmt ist das Vanilleeis mit heißen Himbeeren. Bei Kindern der Hit: Kurz vor dem Servieren einfach 1 EL Nutella pro Portion unter das Eis rühren.

1 Die Vanilleschoten längs aufschlitzen und das Vanillemark herauskratzen, mit den Schoten in die Milch geben und erhitzen, nicht kochen, beiseitestellen.

2 Eigelb, Zucker und Salz im heißen Wasserbad dickschaumig schlagen, bis sich der Zucker gelöst hat. Vanilleschoten aus der Milch nehmen. Dann die Milch nach und nach unter die Eiercreme rühren. Abkühlen lassen. Sahne steif schlagen und gleichmäßig unter die Mischung ziehen.

3 mit Eismaschine Die Creme in die Eismaschine geben. Für etwa 30 Minuten (oder nach Zeitangabe des Geräteherstellers) gefrieren lassen. Die Eiscreme entweder sofort servieren oder in einen luftdichten Behälter füllen und bis zur Verwendung in den Gefrierschrank stellen.

3 ohne Eismaschine Die Creme in ein Kunststoffgefäß geben und für ca. 4 bis 5 Stunden im Gefrierschrank gefrieren lassen. Nach einer Stunde mit einem Pürierstab oder einer Gabel durchrühren, den Vorgang anschließend 1- bis 2-mal wiederholen.

4 Die Eiscreme vor dem Servieren etwa 15 Minuten im Kühlschrank geschmeidig werden lassen.

Sahniges Minz-Eis

Für 4 Portionen, auf dem Foto vorne

1	großes Bund Pfefferminze
120 g	feiner Zucker
250 ml	Milch
250 ml	Sahne

Serviervorschlag
Eiscreme mit Schokoladensauce (Fertigprodukt) beträufeln.

1 Die Pfefferminze waschen und trockentupfen. Blättchen von den Stielen trennen und mit einem scharfen Messer grob hacken. In ein hohes Gefäß füllen, Zucker dazugeben und die gehackte Minze mit einem Holzlöffel so lange zerdrücken, bis der Zucker wie feuchter Sand aussieht. Die Milch dazugießen und so lange rühren, bis sich der Zucker aufgelöst hat. Für 2 Stunden in den Kühlschrank stellen.

2 Sahne schlagen und unter die Pfefferminzmilch rühren.

3 mit Eismaschine Die Mischung in die Eismaschine geben. Für etwa 30 Minuten (oder nach Zeitangabe des Geräteherstellers) gefrieren lassen. Eiscreme entweder sofort servieren oder in einen luftdichten Behälter füllen und bis zur Verwendung in den Gefrierschrank stellen.

3 ohne Eismaschine Die Mischung in ein Kunststoffgefäß geben und für ca. 4 bis 5 Stunden im Gefrierschrank gefrieren lassen. Nach einer Stunde mit Pürierstab oder Gabel durchrühren, den Vorgang noch 1- bis 2-mal wiederholen.

4 Die Eiscreme vor dem Servieren etwa 15 Minuten im Kühlschrank geschmeidig werden lassen.

Variationen
50 g zerdrückte Pfefferminzzuckerpastillen oder 50 g gehackte Schokolade unter die Mischung geben.

Cappuccino-Sahneeis

Für 6 bis 8 Portionen, auf dem Foto Seite 21 hinten

4 EL	Instant Espresso
2 EL	heißes Wasser
225 g	Zucker
8	Eigelb
450 ml	Sahne
450 ml	Milch
1	Prise Salz
1	Vanilleschote

Variation
50g weiche Karamellen und 50g kandierte Walnüsse hacken und unter die Creme mischen.

1 Espressopulver und Wasser verrühren und beiseitestellen.

2 Eigelb mit der Hälfte des Zuckers schaumig schlagen, bis sich der Zucker gelöst hat.

3 Sahne, Milch, restlichen Zucker und Salz in einen Topf geben. Die Vanilleschote längs aufschlitzen, das Mark herauskratzen und mit der Schote zur Sahnemilch geben. Unter Rühren einmal kurz aufwallen lassen, dann den Topf vom Herd ziehen. Zuerst 1 Schöpfkelle von der Sahnemilch in die Eiermasse rühren, dann nach und nach die restliche Sahnemilch unterrühren.

4 Die Mischung zurück in den Topf geben und bei sehr geringer Hitze unter Rühren andicken lassen. Dann den Espresso unterziehen und die Creme durch ein Haarsieb gießen. Die Creme abkühlen lassen und für zwei Stunden in den Kühlschrank stellen.

5 mit Eismaschine Die Creme in die Eismaschine geben. Für etwa 30 Minuten (oder nach Zeitangabe des Geräteherstellers) gefrieren lassen. Eiscreme entweder sofort servieren oder in einen luftdichten Behälter füllen und bis zur Verwendung in den Gefrierschrank stellen.

5 ohne Eismaschine Die Creme in ein Kunststoffgefäß geben und für ca. 4 bis 5 Stunden im Gefrierschrank gefrieren lassen. Nach einer Stunde mit Pürierstab oder Gabel durchrühren, den Vorgang noch 1- bis 2-mal wiederholen.

6 Die Eiscreme vor dem Servieren etwa 15 Minuten im Kühlschrank geschmeidig werden lassen.

Serviervorschlag
Das Eis mit Irish Cream Likör beträufeln.

Melinas Halva-Vanille-Eis

Für 4 Portionen, auf dem Foto Seite 25 vorne

300 ml	Milch
150 g	Halva (türkisches Lebensmittelgeschäft)
4	Eigelb
120 g	Zucker
1	Päckchen Vanillezucker
150 ml	Sahne
50 g	gehackte Pistazien

Variation
50 g gehackte Pistazien vor dem Gefrieren unter die Creme ziehen.

1 Die Milch erhitzen und 100 g Halva darin auflösen.

2 Eigelb, Zucker, Vanillezucker und die warme Halva-Milch verrühren. Abkühlen lassen. Sahne steif schlagen und unter die Mischung ziehen.

3 Die Creme mit Folie bedeckt für 2 Stunden in den Kühlschrank stellen.

4 mit Eismaschine Die Creme in die Eismaschine geben. Für etwa 30 Minuten (oder nach Zeitangabe des Geräteherstellers) gefrieren lassen. Die Eiscreme entweder sofort servieren oder in einen luftdichten Behälter füllen und bis zur Verwendung in den Gefrierschrank stellen.

4 ohne Eismaschine Die Creme in ein Kunststoffgefäß geben und für ca. 4 bis 5 Stunden im Gefrierschrank gefrieren lassen. Nach einer Stunde mit Pürierstab oder Gabel durchrühren, den Vorgang noch 1- bis 2-mal wiederholen.

5 Die Eiscreme vor dem Servieren etwa 15 Minuten im Kühlschrank geschmeidig werden lassen und mit gehackten Pistazien bestreuen.

Serviervorschlag
Halva-Eiscreme mit geviertelten Feigen servieren. Erwachsene können auch ein Gläschen Dessertwein dazu trinken.

Marzipaneis mit Aprikosen

Für 6 Portionen, auf dem Foto hinten

300 ml	Milch
300 ml	Sahne
125 g	Marzipan
1 TL	Honig
6	Eigelb
100 g	Zucker
50 g	getrocknete, weiche Aprikosen

Variationen
Fruchtwechsel – statt Aprikosen gehackte, kandierte Orange nehmen. Auch kandierter Ingwer schmeckt sehr gut.

1 Milch, Sahne, Honig und Marzipan unter Rühren erhitzen, dabei soll sich das Marzipan vollständig lösen. Den Topf vom Herd nehmen.

2 Eigelb mit Zucker dickschaumig aufschlagen. Nach und nach die Sahnemilch unterrühren, abkühlen lassen und für 2 Stunden in den Kühlschrank stellen.

3 Die Aprikosen sehr fein hacken und in die Creme rühren.

4 mit Eismaschine Die Masse in die Eismaschine geben. Für etwa 30 Minuten (oder nach Zeitangabe des Geräteherstellers) gefrieren lassen. Die Eiscreme entweder sofort servieren oder in einen luftdichten Behälter füllen und bis zur Verwendung in den Gefrierschrank stellen.

4 ohne Eismaschine Die Masse in ein Kunststoffgefäß geben und für ca. 4 bis 5 Stunden im Gefrierschrank gefrieren lassen. Nach einer Stunde mit Pürierstab oder Gabel durchrühren, den Vorgang noch 1- bis 2-mal wiederholen.

5 Die Eiscreme vor dem Servieren etwa 15 Minuten im Kühlschrank geschmeidig werden lassen.

Schokoladeneis mit Orange und Ingwer

Für 4 Portionen

50 g	Bitterschokolade (70 % Kakaoanteil)
60 g	Vollmilchschokolade
4	Eigelb
1 EL	brauner Zucker
250 ml	Sahne
50 g	Orangeat oder kandierte Orangenschale
30 g	kandierter Ingwer

1 Die Schokolade grob hacken und im heißen Wasserbad schmelzen, abkühlen lassen.

2 In einer Schüssel Eigelb mit Zucker weißschaumig rühren. Die flüssige Schokolade unterrühren. Die Schüssel in Eiswasser stellen und die Mischung abkühlen lassen, ab und zu durchrühren.

3 Die Sahne steif schlagen und unter die Masse ziehen. Orangeat/Orangenschale und Ingwer sehr fein hacken und ebenfalls unter die Schokomasse ziehen. Die Creme mit Folie bedeckt für 2 Stunden in den Kühlschrank stellen.

4 mit Eismaschine Die Masse in die Eismaschine geben. Für etwa 30 Minuten (oder nach Zeitangabe des Geräteherstellers) gefrieren lassen. Die Eiscreme entweder sofort servieren oder in einen luftdichten Behälter füllen und bis zur Verwendung in den Gefrierschrank stellen.

4 ohne Eismaschine Die Masse in ein Kunststoffgefäß geben und für ca. 4 bis 5 Stunden im Gefrierschrank gefrieren lassen. Nach einer Stunde mit Pürierstab oder Gabel durchrühren, den Vorgang noch 1- bis 2-mal wiederholen.

5 Die Eiscreme vor dem Servieren etwa 15 Minuten im Kühlschrank geschmeidig werden lassen.

Serviervorschlag

Das Schokoladeneis mit etwas Orangenlikör beträufeln.

Variation

Schokolade mit Chili verwenden oder 1 kleine, sehr fein gehackte Chilischote in die schmelzende Schokolade geben.

Apfel-Zimt-Eis

Für 4 Portionen

2	Äpfel (Cox Orange, Fuji)
200 ml	Apfelsaft
1	Vanilleschote
450 ml	Sahne
1 EL	Zimt
4	Eigelb
100 g	Zucker
1	Prise Salz

1 Äpfel schälen und die Kerngehäuse entfernen. Fruchtfleisch in kleine Würfel schneiden und im Apfelsaft 10 Minuten dünsten. Durch ein Sieb gießen und zum Abkühlen beiseitestellen.

2 Vanilleschote längs aufschlitzen, Mark herauskratzen und beides mit Zimt und Sahne in einem Topf unter gelegentlichem Rühren langsam zum Kochen bringen. Die Vanilleschote entfernen.

3 Eigelb mit Zucker und Salz im heißen Wasserbad dickschaumig aufschlagen. Etwa ½ Tasse der heißen Zimtsahne dazugeben, kräftig unterrühren und anschließend den Rest untermischen. Creme abkühlen lassen, mit Folie bedeckt für 2 Stunden in den Kühlschrank stellen. Die Apfelstückchen unterziehen.

4 mit Eismaschine Die Masse in die Eismaschine geben. Für etwa 30 Minuten (oder nach Zeitangabe des Geräteherstellers) gefrieren lassen. Eiscreme entweder sofort servieren oder in einen luftdichten Behälter füllen und bis zur Verwendung in den Gefrierschrank stellen.

4 ohne Eismaschine Die Masse in ein Kunststoffgefäß geben und für ca. 4 bis 5 Stunden im Gefrierschrank gefrieren lassen. Nach einer Stunde mit Pürierstab oder Gabel durchrühren, den Vorgang noch 1- bis 2-mal wiederholen.

5 Die Eiscreme vor dem Servieren etwa 15 Minuten im Kühlschrank geschmeidig werden lassen.

Serviervorschlag
mit Zimtstange und einer dünnen Apfelspalte garnieren.

Erdbeereis

Für 4 Portionen

500 g	frische aromatische Erdbeeren
120 g	Zucker
300 ml	Crème double
1	Päckchen Vanillezucker

Extra
Geben Sie getrocknete Erdbeerestückchen zur Eismasse oder kleine Stückchen Baiser.

1 Erdbeeren waschen, putzen und vierteln. In eine Schüssel geben, mit dem Zucker vermischen und 2 Stunden ziehen lassen, dann pürieren.

2 Die Crème double in einer Schüssel mit dem Vanillezucker vermischen und mit dem Mixer dick, aber nicht steif aufschlagen. Das Beerenpüree darunter mischen. Die Creme mit Folie bedeckt für 2 Stunden in den Kühlschrank stellen.

3 mit Eismaschine Die Masse in die Eismaschine geben. Für etwa 30 Minuten (oder nach Zeitangabe des Geräteherstellers) gefrieren lassen. Eiscreme entweder sofort servieren oder in einen luftdichten Behälter füllen und bis zur Verwendung in den Gefrierschrank stellen.

3 ohne Eismaschine Die Masse in ein Kunststoffgefäß geben und für ca. 4 bis 5 Stunden im Gefrierschrank gefrieren lassen. Nach einer Stunde mit Pürierstab oder Gabel durchrühren, den Vorgang noch 1- bis 2-mal wiederholen.

4 Die Eiscreme vor dem Servieren etwa 15 Minuten im Kühlschrank geschmeidig werden lassen, mit Beeren garnieren.

Variation
Statt Erdbeeren Heidelbeeren nehmen und mit Beeren garnieren (siehe Coverfoto).

Pfirsicheis

Für 4 Portionen

3–4	große reife Pfirsiche (möglichst weiße Pfirsiche nehmen, sie sind aromatischer)
1 TL	Zitronensaft
175 g	feiner Zucker
1	Päckchen Vanillezucker
4	Eigelb
250 ml	Sahne

1 Pfirsiche waschen und trockenreiben, Fruchtfleisch mit Schale vom Kern lösen und klein schneiden. Mit Zitronensaft und 125 g Zucker vermischen und beiseitestellen.

2 Eigelb mit restlichem Zucker und Vanillezucker im heißen Wasserbad mit dem Mixer oder einem Schneebesen dickschaumig schlagen. Abkühlen lassen.

3 Sahne schlagen und gut mit der Eiercreme verrühren. Pfirsichmischung durch ein grobmaschiges Sieb streichen und unter die Masse heben. Die Creme mit Folie bedeckt für 2 Stunden in den Kühlschrank stellen.

Serviervorschlag
mit Minzeblättchen und Maracujasirup garnieren.

4 mit Eismaschine Die Masse in die Eismaschine geben. Für etwa 30 Minuten (oder nach Zeitangabe des Geräteherstellers) gefrieren lassen. Eiscreme entweder sofort servieren oder in einen luftdichten Behälter füllen und bis zur Verwendung in den Gefrierschrank stellen.

4 ohne Eismaschine Die Masse in ein Kunststoffgefäß geben und für ca. 4 bis 5 Stunden im Gefrierschrank gefrieren lassen. Nach einer Stunde mit Pürierstab oder Gabel durchrühren, den Vorgang noch 1- bis 2-mal wiederholen.

5 Die Eiscreme vor dem Servieren etwa 15 Minuten im Kühlschrank geschmeidig werden lassen.

Variationen
Vor dem Gefrieren 2 cl Amaretto-Likör unter die Pfirsichcreme mischen.
Statt Pfirsichen 4 oder 5 reife Williams-Christ- oder Anjou-Birnen nehmen.

Großmutters Haselnusseis

Für 6 Portionen

250 g	Haselnüsse mit brauner Haut
675 ml	Milch
5	Eigelb
150 g	Zucker
250 ml	Sahne

1 Backofen auf 175 °C vorheizen. Haselnüsse auf ein Backblech geben und 10 Minuten rösten. Die braune Haut entfernen und die Nüsse mahlen.

2 Milch mit den gemahlenen Nüssen aufkochen, vom Herd nehmen und 2 Stunden ziehen lassen. Ein Sieb mit einem Mulltuch auslegen, über einen Topf hängen und die Nussmilch durch das Sieb gießen. Das Tuch anschließend gut auspressen und die Flüssigkeit im Topf auffangen. Feste Bestandteile entfernen.

3 Eigelb und Zucker so lange schlagen, bis sich der Zucker aufgelöst hat. Die Nussmilch erhitzen (nicht kochen!) und die Hälfte davon mit dem geschlagenen Eigelb vermischen. Diese Mischung in die heiße Milch gießen und bei geringer Hitze so lange rühren, bis sie dickflüssig geworden ist. Die Masse anschließend im Eiswasserbad abkühlen lassen.

4 Die Sahne steif schlagen und unter die Masse ziehen. Die Creme mit Folie bedeckt für 2 Stunden in den Kühlschrank stellen.

5 mit Eismaschine Die Masse in die Eismaschine geben. Für etwa 30 Minuten (oder nach Zeitangabe des Geräteherstellers) gefrieren lassen. Die Eiscreme entweder sofort servieren oder in einen luftdichten Behälter füllen und bis zur Verwendung in den Gefrierschrank stellen.

5 ohne Eismaschine Die Masse in ein Kunststoffgefäß geben und für ca. 4 bis 5 Stunden im Gefrierschrank gefrieren lassen. Nach einer Stunde mit Gabel oder Pürierstab durchrühren, den Vorgang noch 1- bis 2-mal wiederholen.

6 Die Eiscreme vor dem Servieren etwa 15 Minuten im Kühlschrank geschmeidig werden lassen und pur genießen.

Mango-Ananas-Kokos-Eis

Für 4 Portionen

10–12	Litschis
2	reife Mangos
2 EL	Zitronensaft
120 g	Zucker
100 ml	Kokosmilch
100 ml	Ananassaft
250 ml	Crème double

Serviervorschlag
Mit Orangenlikör und Schokosplittern servieren.

1 Litschis und Mangos schälen und entkernen. Fruchtfleisch mit Zitronensaft und Zucker vermischen und 2 Stunden ziehen lassen. Anschließend mit der Kokosmilch und dem Ananassaft pürieren.

2 Die Crème double dick aufschlagen und mit dem Fruchtmus vermischen. Die Creme mit Folie bedeckt für 2 Stunden in den Kühlschrank stellen.

3 mit Eismaschine Die Masse in die Eismaschine geben. Für etwa 30 Minuten (oder nach Zeitangabe des Geräteherstellers) gefrieren lassen. Die Eiscreme entweder sofort servieren oder in einen luftdichten Behälter füllen und bis zur Verwendung in den Gefrierschrank stellen.

3 ohne Eismaschine Die Masse in ein Kunststoffgefäß geben und für ca. 4 bis 5 Stunden im Gefrierschrank gefrieren lassen. Nach einer Stunde mit Pürierstab oder Gabel durchrühren, den Vorgang noch 1- bis 2-mal wiederholen.

4 Die Eiscreme vor dem Servieren etwa 15 Minuten im Kühlschrank geschmeidig werden lassen. Schmeckt am besten pur.

Aprikoseneis

Für 4 Portionen

500 g	aromatische Aprikosen
120 g	feiner Zucker
250 ml	Milch
250 ml	Sahne
10 g	Vanillezucker (1¼ Päckchen)

1 Die Aprikosen waschen und putzen, entkernen und vierteln. In eine Schüssel geben, mit dem Zucker vermischen und 2 Stunden ziehen lassen. Früchte anschließend pürieren und mit der Milch verrühren.

2 Sahne mit dem Vanillezucker vermischen und in einer Schüssel dick, aber nicht steif aufschlagen. Das Aprikosenpüree unter die Sahne mischen. Die Creme mit Folie bedeckt für 2 Stunden in den Kühlschrank stellen.

3 mit Eismaschine Die Creme in die Eismaschine geben. Für etwa 30 Minuten (oder nach Zeitangabe des Geräteherstellers) gefrieren lassen. Eiscreme entweder sofort servieren oder in einen luftdichten Behälter füllen und bis zur Verwendung in den Gefrierschrank stellen.

3 ohne Eismaschine Die Creme in ein Kunststoffgefäß geben und für ca. 4 bis 5 Stunden im Gefrierschrank gefrieren lassen. Nach einer Stunde mit Gabel oder Pürierstab durchrühren, den Vorgang noch 1- bis 2-mal wiederholen.

4 Die Eiscreme vor dem Servieren etwa 15 Minuten im Kühlschrank geschmeidig werden lassen und am besten pur genießen.

Variation
Geben Sie 1 TL Honig und 1 EL Cognac zur Eismasse.

Lebkucheneis mit Orange

Für 6 Portionen

5	Eigelb
75 g	Zucker
1	Päckchen Vanillezucker
1	unbehandelte Orange
250 ml	Milch
400 ml	Sahne
60 g	Honig
1 TL	Zimt
1 TL	Lebkuchengewürz
2 cl	Orangenlikör (z. B. Cointreau)

1 Eigelb, Vanillezucker und Zucker weißschaumig aufschlagen. Orangenschale abreiben und zur Milch geben. Orange wie einen Apfel schälen, auch die weiße Haut entfernen und die Filets herauslösen, beiseitestellen.

2 Die Milch mit der Orangenschale zum Sieden bringen, vom Herd nehmen und ca. 15 Minuten ziehen lassen. Durch ein Sieb abgießen. Die Hälfte der Sahne, Honig, Zimt und Lebkuchengewürz zugeben, gut verrühren und erneut kurz aufkochen.

3 Die heiße Milch-Sahne-Mischung unter Rühren zu dem aufgeschlagenen Eigelb geben. Die Mischung im heißen Wasserbad unter Rühren erhitzen, bis sie dicklich wird. Dann abkühlen lassen.

4 Die restliche Sahne schlagen und unter die erkaltete Masse ziehen. Die Creme für 2 Stunden in den Kühlschrank stellen.

5 mit Eismaschine Die Masse in die Eismaschine geben. Für etwa 30 Minuten (oder nach Zeitangabe des Geräteherstellers) gefrieren lassen. Die Eiscreme entweder sofort servieren oder in einen luftdichten Behälter füllen und bis zur Verwendung in den Gefrierschrank stellen.

5 ohne Eismaschine Die Masse in ein Kunststoffgefäß geben und für ca. 4 bis 5 Stunden im Gefrierschrank gefrieren lassen. Nach einer Stunde mit Pürierstab oder Gabel durchrühren, den Vorgang noch 1- bis 2-mal wiederholen.

6 Die Eiscreme vor dem Servieren etwa 15 Minuten im Kühlschrank geschmeidig werden lassen. Die Orangenfilets mit ihrem Saft und dem Orangenlikör leicht erhitzen und mit dem Lebkucheneis servieren.

Variation
Statt der Orangenfilets Pflaumenkompott zum Lebkucheneis servieren.

Himbeer-Rosen-Eis

Für 4 Portionen

3	große unbehandelte Blüten einer Duftrose
500 ml	Milch
100 g	feiner Zucker
4	Eigelb
2 EL	Rosenwasser (Apotheke)
250 g	Himbeeren
300 ml	Sahne

Serviervorschlag
Eiscreme mit Rosenblättern und Himbeerpüree garnieren.

1 Von den Rosenblütenblättern einige für die Garnitur beiseitelegen, bei den restlichen den bitteren weißen Blattansatz abschneiden. Die Milch mit den Blütenblättern kurz aufkochen, Topf sofort vom Herd nehmen und zugedeckt 15 Minuten ziehen lassen. Dann durch ein Sieb zurück in den Topf geben und leicht erhitzen, nicht kochen!

2 Eigelb und Zucker im heißen Wasserbad unter ständigem Rühren dickschaumig aufschlagen, etwa ½ Tasse von der heißen Rosenmilch dazugeben, verrühren und anschließend mit dem Rest der Rosenmilch vermischen.

3 Himbeeren und Rosenwasser pürieren und durch ein Sieb streichen. 2 Esslöffel des Pürees beiseitestellen. Den Rest zur Eier-Milch-Mischung geben. Sahne steif schlagen und ebenfalls unterziehen. Alles zu einer glatten Creme vermischen, abkühlen lassen und mit Folie bedeckt für 2 Stunden in den Kühlschrank stellen.

4 mit Eismaschine Die Masse in die Eismaschine geben. Für etwa 30 Minuten (oder nach Zeitangabe des Geräteherstellers) gefrieren lassen. Die Eiscreme entweder sofort servieren oder in einen luftdichten Behälter füllen und bis zur Verwendung in den Gefrierschrank stellen.

4 ohne Eismaschine Die Masse in ein Kunststoffgefäß geben und für ca. 4 bis 5 Stunden im Gefrierschrank gefrieren lassen. Nach einer Stunde mit Pürierstab oder Gabel durchrühren, den Vorgang noch 1- bis 2-mal wiederholen.

5 Die Eiscreme vor dem Servieren etwa 15 Minuten im Kühlschrank geschmeidig werden lassen.

Sorbets

Johannisbeer-Sorbet

Für 4 Portionen

500 g	schwarze Johannisbeeren
250 g	Zucker
450 ml	Wasser
160 ml	Crème de Cassis (Likör aus schwarzen Johannisbeeren)

Variation
Statt des Likörs können Sie auch Johannisbeersirup nehmen.

1 Geputzte und gewaschene schwarze Johannisbeeren mit dem Wasser und dem Zucker zum Kochen bringen, dann die Hitze reduzieren und etwa 5 Minuten weiter köcheln lassen. Die Mischung abkühlen lassen und mit dem Crème de Cassis in einen Mixer geben und pürieren.

2 mit Eismaschine Die Creme in die Eismaschine geben. Für etwa 30 Minuten (oder nach Zeitangabe des Geräteherstellers) gefrieren lassen. Das Sorbet entweder sofort servieren oder in einen luftdichten Behälter füllen und bis zur Verwendung in den Gefrierschrank stellen.

Serviervorschlag
Schmeckt köstlich mit leicht gesüßter Schlagsahne.

2 ohne Eismaschine Die Creme in ein Kunststoffgefäß geben und für ca. 4 bis 5 Stunden im Gefrierschrank gefrieren lassen. Nach einer Stunde mit Pürierstab oder Gabel durchrühren, den Vorgang anschließend alle 30 bis 45 Minuten wiederholen.

3 Das Sorbet vor dem Servieren etwa 15 bis 20 Minuten im Kühlschrank geschmeidig werden lassen.

Kiwisorbet

Für 4 Portionen, auf dem Foto Seite 43

175 ml	Wasser
220 g	Zucker
10	Kiwis

Serviervorschlag
Sorbet vor dem Servieren mit (Wald-)Erdbeeren bestreuen.

1 Wasser und Zucker aufkochen, bis sich der Zucker vollständig gelöst hat und Sirup entstanden ist. Sirup abkühlen lassen und für etwa 3 Stunden in den Kühlschrank stellen.

2 Die Kiwis halbieren, das Fruchtfleisch mit einem Löffel herauslösen und durch ein Sieb streichen. Kerne wegwerfen. Fruchtfleisch mit dem Sirup im Mixer pürieren.

Variation
Statt Kiwis kann man auch Passionsfrüchte nehmen.

3 mit Eismaschine Die Masse in die Eismaschine geben. Für etwa 30 Minuten (oder nach Zeitangabe des Geräteherstellers) gefrieren lassen. Das Sorbet entweder sofort servieren oder in einen luftdichten Behälter füllen und bis zur Verwendung in den Gefrierschrank stellen.

3 ohne Eismaschine Die Masse in ein Kunststoffgefäß geben und für ca. 4 bis 5 Stunden im Gefrierschrank gefrieren lassen. Nach einer Stunde mit einem Pürierstab oder einer Gabel durchrühren, den Vorgang anschließend alle 30 bis 45 Minuten wiederholen.

4 Das Sorbet vor dem Servieren etwa 15 bis 20 Minuten im Kühlschrank geschmeidig werden lassen.

Zitronensorbet

Für 4 Portionen

	Schale einer unbehandelten Zitrone
	abgeriebene Schale von 1 unbehandelten Zitrone
225 ml	kaltes Wasser
125 g	Zucker
120 ml	frisch gepresster Zitronensaft
120 ml	Mineralwasser

1 Die Zitrone dünn mit einem Sparschäler schälen. Schale in sehr feine Würfelchen schneiden, mit Wasser und Zucker in einen Topf geben und aufkochen. Etwa 5 Minuten köcheln, dann abkühlen lassen.

2 Den Zitronensirup, Zitronensaft und Mineralwasser vermischen.

3 mit Eismaschine Die Masse in die Eismaschine geben. Für etwa 30 Minuten (oder nach Zeitangabe des Geräteherstellers) gefrieren lassen. Das Sorbet entweder sofort servieren oder in einen luftdichten Behälter füllen und bis zur Verwendung in den Gefrierschrank stellen.

3 ohne Eismaschine Die Masse in ein Kunststoffgefäß geben und für ca. 4 bis 5 Stunden im Gefrierschrank gefrieren lassen. Nach einer Stunde mit Pürierstab oder Gabel durchrühren, den Vorgang anschließend alle 30 bis 45 Minuten wiederholen.

4 Das Sorbet etwa 15 bis 20 Minuten im Kühlschrank geschmeidig werden lassen und mit Zitronenschale garnieren.

Serviervorschlag
Erwachsenes Vergnügen: Sorbet in Gläser füllen und mit je 2 cl eisgekühltem Wodka begießen.

Mandarinensorbet

Für 4 Portionen

	abgeriebene Schale von 2 unbehandelten Mandarinen
750 ml	Saft aus 10–12 Mandarinen
300 g	Zucker
1 EL	Zitronensaft

Serviervorschlag
Sorbet mit frischen Minzeblättchen garnieren.

1 Die Schale von 2 unbehandelten Mandarinen abreiben. Alle Mandarinen nach und nach halbieren und auspressen. Dabei sollten 750 ml Saft entstehen.

2 250 ml Saft und Zucker aufkochen, bis sich der Zucker vollständig gelöst hat und Sirup entstanden ist. Sirup abkühlen lassen.

3 Restlichen Mandarinensaft und -schale mit Sirup und Zitronensaft vermischen.

4 mit Eismaschine Die Masse in die Eismaschine geben. Für etwa 30 Minuten (oder nach Zeitangabe des Geräteherstellers) gefrieren lassen. Das Sorbet entweder sofort servieren oder in einen luftdichten Behälter füllen und bis zur Verwendung in den Gefrierschrank stellen.

4 ohne Eismaschine Die Masse in ein Kunststoffgefäß geben und für ca. 4 bis 5 Stunden im Gefrierschrank gefrieren lassen. Nach einer Stunde mit Pürierstab oder Gabel durchrühren, den Vorgang anschließend alle 30 bis 45 Minuten wiederholen.

5 Das Sorbet vor dem Servieren etwa 15 bis 20 Minuten im Kühlschrank geschmeidig werden lassen.

Pfirsich-Mango-Sorbet

Für 4–6 Portionen

125 ml	Wasser
50 g	flüssiger Honig
125 g	Zucker
500 g	Pfirsiche
500 g	Mangos
	Saft von ½ Limette

1 Wasser, Honig und Zucker aufkochen, bis sich der Zucker vollständig gelöst hat und Sirup entstanden ist. Sirup abkühlen lassen und für mindestens 3 Stunden in den Kühlschrank stellen.

2 Mangos und Pfirsiche schälen. Fruchtfleisch von den Kernen lösen, in Würfel schneiden und in den Mixer geben. Sirup und Limettensaft zufügen und pürieren.

3 mit Eismaschine Die Masse in die Eismaschine geben. Für etwa 30 Minuten (oder nach Zeitangabe des Geräteherstellers) gefrieren lassen. Das Sorbet entweder sofort servieren oder in einen luftdichten Behälter füllen und bis zur Verwendung in den Gefrierschrank stellen.

3 ohne Eismaschine Die Masse in ein Kunststoffgefäß geben und für ca. 4 bis 5 Stunden im Gefrierschrank gefrieren lassen. Nach einer Stunde mit Pürierstab oder Gabel durchrühren, den Vorgang anschließend alle 30 bis 45 Minuten wiederholen.

4 Das Sorbet vor dem Servieren etwa 15 bis 20 Minuten im Kühlschrank geschmeidig werden lassen.

Pflaumensorbet

Für 6 Portionen

175 ml	Wasser
225 g	Zucker
1 kg	reife Pflaumen
	Saft von 1 Zitrone
	evtl. 2 cl Pflaumengeist

1 Wasser und Zucker aufkochen, bis sich der Zucker vollständig gelöst hat und Sirup entstanden ist. Sirup abkühlen lassen.

2 Die Pflaumen waschen, halbieren und entkernen. Mit Sirup, Zitronensaft und eventuell dem Pflaumenschnaps in einen Mixer geben oder mit dem Stabmixer pürieren. Die Masse durch ein Sieb streichen.

3 mit Eismaschine Die Masse in die Eismaschine geben. Für etwa 30 Minuten (oder nach Zeitangabe des Geräteherstellers) gefrieren lassen. Sorbet entweder sofort servieren oder in einen luftdichten Behälter füllen und bis zur Verwendung in den Gefrierschrank stellen.

3 ohne Eismaschine Die Masse in ein Kunststoffgefäß geben und für ca. 4 bis 5 Stunden im Gefrierschrank gefrieren lassen. Nach einer Stunde mit Pürierstab oder Gabel durchrühren, den Vorgang anschließend alle 30 bis 45 Minuten wiederholen.

4 Das Sorbet vor dem Servieren etwa 15 bis 20 Minuten im Kühlschrank geschmeidig werden lassen.

Variation
Statt Pflaumen kann man auch Mirabellen, Nektarinen oder Kirschen nehmen.

Info: Der Alkohol gibt dem Sorbet eine cremigere Konsistenz, weil er den Gefrierpunkt senkt.

Grapefruit-Champagner-Sorbet

Für 4–6 Portionen

2	große rosa Grapefruit, unbehandelt
450 ml	kaltes Wasser
225 ml	Champagner, Sekt oder Prosecco
	Schale von 1 unbehandelten rosa Grapefruit
300 g	Puderzucker

1 Die Schale einer Grapefruit abreiben. Eine Grapefruit auspressen und den Saft in einen Mixer gießen. Die zweite Grapefruit schälen, auch die weiße Haut entfernen, und die Fruchtsegmente aus den Häutchen lösen. Mit dem entstandenen Saft in den Mixer geben.

2 Wasser, Champagner, abgeriebene Grapefruitschale und Puderzucker zufügen und pürieren.

3 mit Eismaschine Die Masse in die Eismaschine geben. Für etwa 30 Minuten (oder nach Zeitangabe des Geräteherstellers) gefrieren lassen. Das Sorbet entweder sofort servieren oder in einen luftdichten Behälter füllen und bis zur Verwendung in den Gefrierschrank stellen.

3 ohne Eismaschine Die Masse in ein Kunststoffgefäß geben und für ca. 4 bis 5 Stunden im Gefrierschrank gefrieren lassen. Nach einer Stunde mit Pürierstab oder Gabel durchrühren, den Vorgang anschließend alle 30 bis 45 Minuten wiederholen.

4 Das Sorbet vor dem Servieren etwa 15 bis 20 Minuten im Kühlschrank geschmeidig werden lassen.

Variation
Statt Grapefruit reife Birnen oder Erdbeeren nehmen.

Birnen-Rotwein-Sorbet

Für 6 Portionen

1 kg	aromatische Birnen (Williams Christ)
375 ml	Rotwein
375 ml	Wasser
120 g	Zucker
1	Zimtstange
1	Päckchen Vanillezucker
1	Prise frisch gemahlener schwarzer Pfeffer

1 Die Birnen schälen und vierteln, Stiel und Kerngehäuse entfernen. Mit Rotwein, Wasser, Zucker, Zimtstange und Vanillezucker in einen Topf geben, aufkochen und etwa 25 Minuten köcheln lassen. Birnen und Zimtstange herausnehmen.

2 Pfeffer in den Sud geben und, wenn notwendig, die Flüssigkeit noch so lange weiterköcheln, bis sie eine sirupartige Konsistenz hat.

3 Die Birnen pürieren. Den Sirup zum Birnenpüree geben und nochmals aufmixen. Die Masse in einer Schüssel abkühlen lassen.

4 mit Eismaschine Das Birnenpüree in die Eismaschine geben. Für etwa 30 Minuten (oder nach Zeitangabe des Geräteherstellers) gefrieren lassen. Sorbet entweder sofort servieren oder in einen luftdichten Behälter füllen und bis zur Verwendung in den Gefrierschrank stellen.

4 ohne Eismaschine Das Birnenpüree in ein Kunststoffgefäß geben und für ca. 4 bis 5 Stunden im Gefrierschrank gefrieren lassen. Nach einer Stunde mit Pürierstab oder Gabel durchrühren, den Vorgang anschließend alle 30 bis 45 Minuten wiederholen.

5 Das Sorbet vor dem Servieren etwa 15 bis 20 Minuten im Kühlschrank geschmeidig werden lassen.

Rote-Bete-Apfel-Sorbet

Für 4–6 Portionen, Foto Seite 8

500 g	vorgekochte und geschälte rote Bete
80 g	Puderzucker
125 ml	Apfelsaft
1 EL	Zitronensaft
4 cl	Wodka

1 Rote Bete in einen Mixer geben, Puderzucker, Apfel- und Zitronensaft zufügen und pürieren. Zum Schluss den Wodka zufügen und noch einmal kurz aufmixen.

2 mit Eismaschine Die Masse in die Eismaschine geben. Für etwa 30 Minuten (oder nach Zeitangabe des Geräteherstellers) gefrieren lassen. Das Sorbet entweder sofort servieren oder in einen luftdichten Behälter füllen und bis zur Verwendung in den Gefrierschrank stellen.

2 ohne Eismaschine Die Masse in ein Kunststoffgefäß geben und für ca. 4 bis 5 Stunden im Gefrierschrank gefrieren lassen. Nach einer Stunde mit Pürierstab oder Gabel durchrühren, den Vorgang anschließend alle 30 bis 45 Minuten wiederholen.

3 Das Sorbet vor dem Servieren etwa 15 bis 20 Minuten im Kühlschrank geschmeidig werden lassen.

Variation
Rote-Bete-Sorbet kann auch pikant auf den Tisch kommen: mit Salz, Pfeffer und Zitronensaft anmachen.

Earl-Grey-Sorbet

Für 4 Portionen

450 ml	Wasser
30 g	Earl-Grey-Tee
150 g	Zucker
100 ml	frisch gepresster Zitronensaft

Serviervorschlag
Jeweils eine kleine Kugel Earl-Grey-Sorbet in kleinen Gläsern als Zwischengang eines Menüs reichen.

1 Wasser aufkochen und über den Tee gießen, 5 Minuten ziehen lassen. Tee durch ein Sieb gießen, den Zucker zufügen und rühren, bis dieser sich ganz aufgelöst hat. Zitronensaft zugießen und die Mischung abkühlen lassen.

2 mit Eismaschine Die Teemischung in die Eismaschine geben. Für etwa 30 Minuten (oder nach Zeitangabe des Geräteherstellers) gefrieren lassen. Das Sorbet entweder sofort servieren oder in einen luftdichten Behälter füllen und bis zur Verwendung in den Gefrierschrank stellen.

2 ohne Eismaschine Die Teemischung in ein Kunststoffgefäß geben und für ca. 4 bis 5 Stunden im Gefrierschrank gefrieren lassen. Nach einer Stunde mit Pürierstab oder Gabel durchrühren, den Vorgang anschließend alle 30 bis 45 Minuten wiederholen.

3 Das Sorbet vor dem Servieren etwa 15 bis 20 Minuten im Kühlschrank geschmeidig werden lassen.

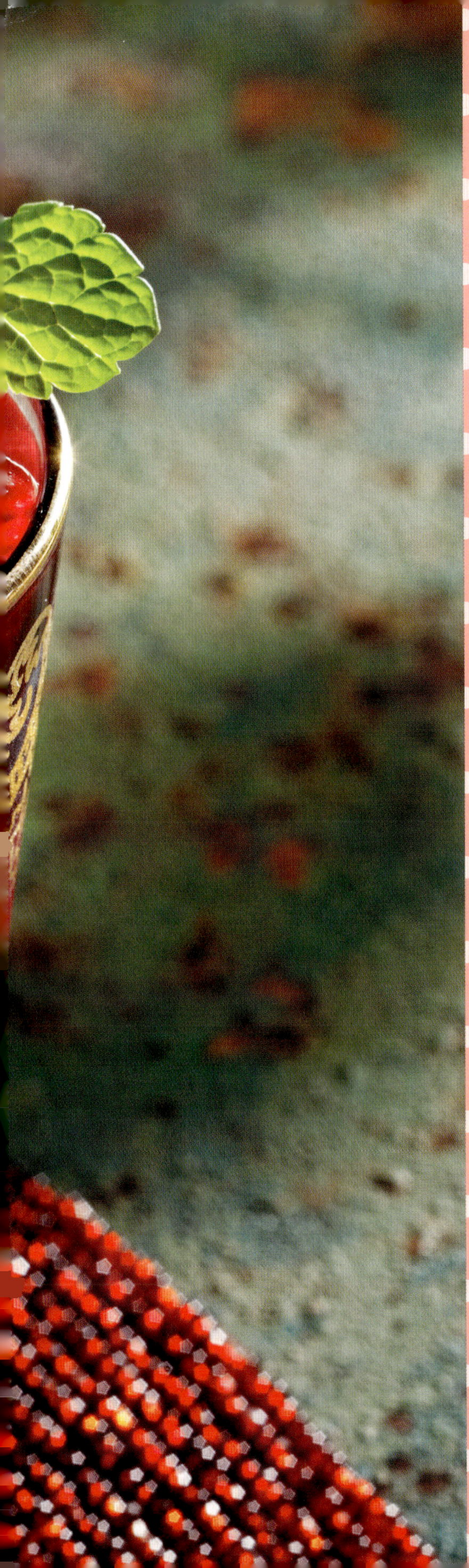

Frozen Yogurt: Joghurteis

Himbeer-Vanille-Joghurteis

Für 4 Portionen, auf dem Foto hinten

500 g	Himbeeren (oder Brombeeren und/oder Erdbeeren)
125 g	Zucker
1 TL	frisch gepresster Zitronensaft
250 g	Vanillejoghurt (3,5 % Fett)

Variation

Das Eis unter die Haube bringen: Backofen auf 250 °C vorheizen. 2 Eiweiß steif schlagen, dabei 1 Prise Salz und 100 g Puderzucker einrieseln lassen. Eis in vier vorher gekühlte ofenfeste Förmchen füllen, Eischnee darauf verteilen und im Backofen auf der mittleren Schiene 2 bis 3 Minuten überbacken.

1 Die Himbeeren putzen, einige Früchte für die Garnitur beiseitelegen. Die restlichen Beeren mit dem Zucker bestreuen und 15 Minuten kalt stellen. Dann den Zitronensaft zufügen und mit dem Stabmixer pürieren. Das Püree durch ein feines Sieb streichen, um die kleinen Kernchen zu entfernen. Vanillejoghurt unter das Püree heben.

2 mit Eismaschine Die Mischung 25 bis 30 Minuten in der Eismaschine gefrieren lassen.

2 ohne Eismaschine Die Mischung in ein flaches Kunststoffgefäß geben und für 4 bis 5 Stunden im Gefrierschrank gefrieren lassen. Nach einer Stunde mit Pürierstab oder Gabel kräftig durchrühren, den Vorgang noch 3- bis 5-mal wiederholen.

3 Das Joghurteis vor dem Servieren etwa 10 bis 15 Minuten im Kühlschrank geschmeidig werden lassen und mit den beiseitegelegten Früchten garnieren.

Kirsch-Joghurteis

Für 4 Portionen, auf dem Foto Seite 59 vorne

300 g entsteinte Sauerkirschen aus dem Glas
150 g Zucker
350 g griechischer Joghurt (10 % Fett)

Topping
Mit Schokosplittern bestreut servieren.

1 Kirschen gut abtropfen lassen. In einen hohen Behälter füllen, den Zucker und den Joghurt zufügen und mit dem Stabmixer pürieren.

2 mit Eismaschine Die Mischung in die Eismaschine geben und 25 bis 30 Minuten gefrieren lassen.

2 ohne Eismaschine Die Mischung in einem flachen Gefäß im Gefrierschrank 4 bis 5 Stunden gefrieren lassen, dabei 2- bis 3-mal mit Pürierstab oder Gabel kräftig durchrühren.

3 Das Joghurteis vor dem Servieren etwa 10 bis 15 Minuten im Kühlschrank geschmeidig werden lassen.

Serviervorschlag
mit Schlagsahne servieren. Tolles Dessert: Kirsch-Joghurt-Eis als Füllung in heißen Crêpes anrichten und mit Kirschlikör beträufeln.

Rhabarber-Erdbeer-Joghurteis mit Baiser

Für 4 Portionen

200 g	Rhabarber
100 g	Erdbeeren
200 g	Zucker
	Schale von 1 unbehandelten Limette
1	Päckchen Vanillezucker
500 g	griechischer Joghurt (10 % Fett)
50 g	weiße Baiser

1 Rhabarber waschen, schälen und klein schneiden. Erdbeeren putzen.

2 80 g Zucker in einem Topf hellbraun karamellisieren. Rhabarber, Erdbeeren und 2 EL Wasser zufügen. Bei geringer Hitze 15 bis 20 Minuten offen zu Mus einkochen, dann abkühlen lassen.

3 Vanillezucker, restlichen Zucker und Limettenschale mit dem Joghurt vermischen.

4 mit Eismaschine Die Joghurtmasse 25 Minuten in der Eismaschine gefrieren lassen. In den letzten 5 Minuten das Rhabarber-Erdbeermus unterrühren.

4 ohne Eismaschine Joghurt und Rhabarber-Erdbeermus vermischen und in einem flachen Gefäß im Gefrierschrank 4 bis 5 Stunden gefrieren lassen. Währenddessen die gefrierende Masse 2- bis 3-mal mit Pürierstab oder Gabel kräftig durchrühren.

5 Das Joghurteis vor dem Servieren etwa 10 bis 15 Minuten im Kühlschrank geschmeidig werden lassen und mit zerbröselten Baisers garnieren.

Frozen-Ananas-Yogurt mit Ingwersirup

Für 4 bis 6 Portionen, auf dem Foto hinten

1 Dose	Ananasstücke (350 g Abtropfgewicht)
1 Stück	frische Ingwerwurzel (ca. 8 cm lang)
275 g	Zucker
500 g	Vollmilchjoghurt (3,5 % Fett)

Variation für Mutige
½ entkernte, gehackte Chilischote unter die Joghurtcreme geben.

1 Die Ananas durch ein Sieb gießen, dabei den Saft in einem Topf auffangen.

2 Den Ingwer schälen, grob hacken und zum Saft geben. 200 g Zucker zufügen und den Saft unter Rühren erhitzen, bis sich der Zucker vollständig aufgelöst hat. Dann den Saft etwa 15 Minuten weiter köcheln lassen und durch ein Sieb in einen zweiten Topf gießen. Den Saft anschließend auf die Hälfte einkochen, sodass Sirup entsteht.

3 Ananasstücke mit dem Stabmixer pürieren und mit dem restlichen Zucker unter den Joghurt mischen, abkühlen lassen.

4 mit Eismaschine Die Joghurtmischung 25 bis 30 Minuten in der Eismaschine gefrieren lassen.

4 ohne Eismaschine Die Joghurtmischung in ein flaches Gefäß geben und im Gefrierschrank 4 bis 5 Stunden gefrieren lassen. Nach einer Stunde mit Pürierstab oder Gabel durchrühren, den Vorgang noch 3- bis 5-mal wiederholen.

5 Das Joghurteis vor dem Servieren etwa 10 bis 15 Minuten im Kühlschrank geschmeidig werden lassen.

Mango-Joghurteis mit rosa Pfefferbeeren

Für 4 Portionen, auf dem Foto Seite 63 vorne

150 g	Zucker
75 g	Honig
	Saft von ½ Zitrone
3	reife faserfreie Mangos
2 EL	rosa Pfefferbeeren
500 g	griechischer Joghurt (10 % Fett)

1 Zucker, Honig und Zitronensaft erhitzen, dabei so lange rühren, bis sich der Zucker aufgelöst hat.

2 Die Mangos schälen, das Fruchtfleisch vom Kern schneiden und mit dem Stabmixer pürieren. Nach und nach den Zuckersirup zufügen.

3 Die Pfefferbeeren leicht zerdrücken – ein paar für die Dekoration zurückbehalten – und unter das Mangopüree heben. Dann den Joghurt unterrühren.

4 mit Eismaschine Die Mischung 25 bis 30 Minuten in der Eismaschine gefrieren lassen.

4 ohne Eismaschine Die Mischung in ein flaches Gefäß geben und im Gefrierschrank 4 bis 5 Stunden gefrieren lassen. Nach einer Stunde mit Pürierstab oder Gabel durchrühren, den Vorgang noch 3- bis 5-mal wiederholen.

5 Das Joghurteis vor dem Servieren etwa 10 bis 15 Minuten im Kühlschrank geschmeidig werden lassen.

Serviervorschlag
Dieses Eis als Zwischengang eines mehrgängigen Menüs in einem gekühlten kleinen Glas servieren.

Waldbeeren-Joghurteis

Für 4 Portionen, auf dem Foto Seite 4

200 g	TK-Erdbeeren
200 g	TK-Brombeeren
200 g	TK-Heidelbeeren
150 ml	Aprikosensaft
500 g	Vollmilchjoghurt (3,5 % Fett)
200 g	Zucker
100 g	Sahne, geschlagen

Serviervorschlag
Eine große Kugel Beereneis auf einer frischen Waffel mit Sahne servieren.

1 Die Beeren in eine Schüssel geben, mit Zucker bestreuen und etwas antauen lassen, dann mit dem Stabmixer pürieren. Aprikosensaft und Joghurt untermischen.

2 mit Eismaschine Die Beeren-Joghurt-Mischung in die Eismaschine geben und 25 bis 30 Minuten gefrieren lassen.

2 ohne Eismaschine Die Beeren-Joghurt-Mischung in einem flachen Gefäß im Gefrierschrank 4 bis 5 Stunden gefrieren lassen, dabei 3- bis 5-mal mit Pürierstab oder Gabel kräftig durchrühren.

3 Das Joghurteis vor dem Servieren etwa 10 bis 15 Minuten im Kühlschrank geschmeidig werden lassen und mit Sahne garnieren.

Geeister Karotten-Orangen-Joghurt

Für 4 Portionen

300 g	Karotten
200 ml	frisch gepresster Orangensaft mit Fruchtfleisch
175 g	Zucker
350 g	griechischer Joghurt (10 % Fett)
50 g	Orangeat oder kandierte Orangenschale

1 Die Karotten schälen und klein schneiden. Orangensaft mit dem Zucker vermischen und erhitzen, die Karottenstücke darin 30 Minuten weich dünsten, anschließend pürieren. Das Mus mit dem Joghurt vermischen.

2 mit Eismaschine Die Mischung in die Eismaschine geben und 25 bis 30 Minuten gefrieren lassen.

2 ohne Eismaschine Die Mischung in ein flaches Kunststoffgefäß geben und im Gefrierschrank 4 bis 5 Stunden gefrieren lassen. Nach einer Stunde mit Pürierstab oder Gabel kräftig durchrühren, den Vorgang noch 2- bis 3-mal wiederholen.

3 Das Joghurteis vor dem Servieren etwa 10 bis 15 Minuten im Kühlschrank geschmeidig werden lassen und mit sehr fein gehacktem Orangeat garnieren.

Topping
Zusätzlich darübergestreute gehackte Pistazien sorgen für Biss und einen netten Farbkontrast.

Marokkanisches Joghurteis

Für 4 Portionen

1 EL	Kardamomsamen
1	Vanilleschote
125 ml	Milch (1,5 % Fett)
75 g	Zucker
500 g	Joghurt (3,5 % Fett)
125 g	Honig
1 TL	Bourbon-Vanillearoma
30 ml	Granatapfelsaft
1	Granatapfel

1 Kardamom in einem Mörser grob zerstoßen. Vanilleschote aufschlitzen und das Mark herauskratzen. Milch, Zucker, Vanillemark und -schote sowie Kardamom bei mittlerer Hitze unter Rühren zum Kochen bringen. Zugedeckt etwa 30 Minuten abkühlen lassen. Milch durch ein Sieb geben.

2 Joghurt, Honig, Granatapfelsaft und die gewürzte Milch mit dem Handrührgerät aufmixen.

3 mit Eismaschine Die Mischung in der Eismaschine 25 bis 30 Minuten gefrieren lassen.

3 ohne Eismaschine Die Mischung in ein flaches Kunststoffgefäß geben und im Gefrierschrank 4 bis 5 Stunden gefrieren lassen. Nach einer Stunde mit Pürierstab oder Gabel kräftig durchrühren, den Vorgang noch 3- bis 5-mal wiederholen.

4 Den Stängelansatz des Granatapfels herausschneiden. Die Haut des Granatapfels aufritzen (in der Form eines Apfelschnitzes), das Stück herausbrechen und die Kerne mit den Fingern herauslösen.

5 Das Joghurteis vor dem Servieren etwa 10 bis 15 Minuten im Kühlschrank geschmeidig werden lassen und mit Granatapfelkernen dekorieren.

Serviervorschlag
Das Eis in orientalischen Teegläsern servieren und zusätzlich mit Minzeblättchen garnieren.

Honig-Mohn-Joghurteis mit gegrillten Früchten

Für 4 Portionen

500 g	griechischer Joghurt (10 % Fett)
100 g	Honig
	abgeriebene Schale von 1 unbehandelten Zitrone
1 EL	Mohnsamen
1	Prise Salz
1	Nektarine
2	Aprikosen
2	Eierpflaumen
1–2	TL Zucker

1 Joghurt, Honig, Zitronenschale, Mohn und Salz in einer Schüssel mit dem Handrührgerät vermischen.

2 mit Eismaschine Die Mischung 25 bis 30 Minuten in der Eismaschine gefrieren lassen.

2 ohne Eismaschine Die Mischung in ein flaches Kunststoffgefäß geben und im Gefrierschrank 4 bis 5 Stunden gefrieren lassen. Nach einer Stunde mit Pürierstab oder Gabel kräftig durchrühren, den Vorgang noch 2- bis 3-mal wiederholen.

3 Das Joghurteis vor dem Servieren etwa 10 bis 15 Minuten im Kühlschrank geschmeidig werden lassen.

4 In der Zwischenzeit die Früchte waschen, halbieren und entkernen. Auf jeder Seite ca. 2 Minuten grillen und auf vier Teller verteilen. Mit etwas Zucker bestreuen und je eine große Kugel Honig-Mohn-Eis daraufsetzen.

Variationen

Geben Sie kleine Apfelwürfel zur Joghurtmasse. Statt der gegrillten Früchte können Sie auch Apfelmus dazu servieren.

Bratapfel-Joghurteis mit Mandelsplittern

Für 4 Portionen

2–3	Äpfel (Boskop oder Jonathan)
1 EL	Butter
175 g	Zucker
½ TL	Zimt
50 g	Mandelsplitter
500 g	Joghurt
1	Päckchen Vanillezucker
100 g	Sahne, geschlagen

1 Die Äpfel waschen, schälen und die Kerngehäuse ausstechen. Die Frucht in kleine Würfel schneiden. Die Butter zerlassen, die Apfelwürfel hineingeben, mit 1 EL Zucker bestreuen und darin ca. 5 Minuten karamellisieren. 2 EL Wasser zufügen, mit Zimt bestreuen und abkühlen lassen.

2 Mandelsplitter in einer beschichteten Pfanne ohne Fett rösten und zum Abkühlen beiseitestellen.

3 Den Joghurt mit dem restlichen Zucker und Vanillezucker vermischen.

4 mit Eismaschine Die Joghurtmasse in die Eismaschine geben und 25 bis 30 Minuten gefrieren lassen. Apfelwürfel und Mandeln nach 20 Minuten einrühren und alles zusammen noch 5 Minuten gefrieren lassen.

4 ohne Eismaschine Joghurt, Äpfel und Mandelsplitter vermischen und in einem flachen Gefäß im Gefrierschrank 4 bis 5 Stunden gefrieren lassen, dabei 2- bis 3-mal mit Pürierstab oder Gabel kräftig durchrühren.

5 Das Joghurteis vor dem Servieren etwa 10 bis 15 Minuten im Kühlschrank geschmeidig werden lassen und mit Schlagsahne garnieren.

Toppings & Saucen

Schokoraspeln oder Zuckerstreusel (Fertigprodukte)

Das passt zu:

- Waldbeeren-Joghurteis
- Mehrfrucht-Joghurteis
- Kirsch-Joghurteis
- Frozen-Ananas-Yogurt

Zerbröckelte Knusperwaffeln oder Waffelröllchen

Das passt zu:

- Frozen-Ananas-Yogurt
- Karotten-Orangen-Joghurteis
- Honig-Mohn-Joghurteis
- Rhabarber-Erdbeer-Joghurteis

Zerbröckelte Amarettini

Das passt zu:

- Kirsch-Joghurteis
- Bratapfel-Joghurteis

Mandeln, Walnüsse, Haselnüsse oder Erdnüsse rösten, hacken und auf die Eiskugeln damit

Das passt zu:

- Marokkanisches Joghurteis
- Kirsch-Joghurteis (mit gerösteten Mandeln)
- Karotten-Orangen-Joghurteis
- Frozen-Ananas-Yogurt

Gehackte Vollmilchschokolade

(wer`s herber mag nimmt Bitterschokolade (70 % Kakaoanteil)

Das passt zu:

- Waldbeeren-Joghurteis
- Mehrfruchteis
- Frozen-Ananas-Yogurt

Knuspermüsli

(hergstellt aus getrockneten Früchten, Nüssen und/oder Schokolade) auf das Eis streuen

Das passt zu:

- Karotten-Orangen-Joghurteis
- Mehrfruchteis
- Waldbeeren-Joghurteis

Topping-Fruchtsaucen von Aprikose bis Orange

(Fertigprodukte)

Das passt zu:

- allen Joghurteis-Sorten

Besonders bei Frozen Yogurt ist das Angebot an Zutaten zum Darüberstreuen und -gießen riesig, aber natürlich schmecken Saucen und Toppings auch bei Eiscreme und Sorbet – probieren Sie es einfach aus. Im Grunde können Sie Alles mit Allem kombinieren – je geschmacksintensiver aber das Eis ist, desto zurückhaltender sollte der Geschmack der Zutat sein.

Alles mit Obst

Frische Früchte sind sowohl farblich als auch geschmacklich immer eine gute Ergänzung. **Fruchtsaucen** gibt es als Fertigprodukte zu kaufen, man kann sie aber auch selber machen: die einfachste Art ist es, die Früchte – eventuell mit etwas Zucker – zu pürieren. Eventuell kann noch mit einem passenden Fruchtlikör oder Obstgeist abgerundet werden. Hier noch ein paar Ideen für etwas aufwendigere Fruchtsaucen:

- **Kirschsauce mit Rotwein:** 125 ml Rotwein mit einem kleinen Stück Zimtstange, 1 Gewürznelke und 1 EL Zucker 5 Minuten kochen lassen, 250 g süße, entsteinte Kirschen zugeben und weiter 5 Minuten köcheln lassen. In der Zwischenzeit ½ TL Stärkemehl mit 1 EL Kirschwasser verrühren und zu den Kirschen gießen, dann aufkochen lassen. Den Topf vom Herd nehmen, die Gewürze entfernen und die Sauce abkühlen lassen. Passt gut zu Vanilleeis, aber auch zum Lebkucheneis.

- **Holundersauce:** 300 g Holunderbeeren mit 80 g Zucker, 1 Msp. Zimt, 1 Gewürznelke, 100 ml Weißwein oder Apfelsaft und einen kleinen Stück Orangenschale leicht kochen und weich garen. Nelke und Schale entfernen, den Rest pürieren und durch ein feines Sieb geben. Schmeckt perfekt zum Beereneis, zu Schokoladeneis und natürlich zu Vanilleeis.

- **Madeirapflaumen:** 125 ml Madeira, 30 g Zucker, 1 Gewürznelke, ein kleines Stück Zimtstange, etwas Orangenschale weich garen, 250 g halbierte, entsteinte Zwetschgen oder Pflaumen zugeben und ebenfalls weich garen. Die Pflaumen warm oder kalt zum Apfel-Zimteis probieren.

- **Apfelmus:** 2 Äpfel mit 100 g Zucker, je 1 Msp. Zimt und Kardamompulver und etwas Zitronenschale weich kochen, pürieren und mit 1 EL Calvados verrühren. Passt gut zu Schokoladen-, Vanille- und Haselnusseis.

- **Rote Grütze:** geht blitzschnell und ist sehr lecker – fertig gekaufte rote oder grüne Grütze zum Eis servieren.

Knuspriges

Neben dem Geschmack macht hier die Kombination von dem weichen, cremigen Eis mit einer Knusperzutat den Reiz aus. Achten Sie darauf, dass die Zugaben gut zerkleinert sind.

- Haferflocken, Kokosraspel, Hasel-, Wal-, Erdnüsse, Mandeln, Cashewnüsse, Sonnenblumenkerne, Pinienkerne als Blättchen oder gehackt in einer Pfanne ohne Fett leicht rösten, bis sie bräunlich und knusprig sein

- zerbröselte Knusperwaffeln, Waffelröllchen, Kekse, Konfekt, Baiser, Knuspermüsli, Cornflakes und andere Cerealien, Krokant, geröstete Schwarzbrotkrümel, Amarettini, Schokoraspel, Zuckerstreusel

- Knuspriges Obst ist auch möglich: Apfel- und Bananenchips gibt es fertig gekauft

- Puffreis mit Schokolade und andere knusprige Süßigkeiten können fein zerkleinert ebenfalls über das Eis gegeben werden – Probieren Sie doch auch mal Streuselkuchen – zu Vanilleeis ist es wunderbar

- zu Weihnachten passen zerkrümelte Spekulatius und andere Plätzchen wunderbar zum Eis

Schokoladiges

- Gehackte Vollmilchschokolade (wer's herber mag, nimmt Bitterschokolade) passt gut zu Erdbeer-Joghurteis, Mehrfruchteis, Ananas-Joghurteis. Auch andere Schokoladensorten sind hervorragend geeignet, gehackt und übers Eis gestreut zu werden: Joghurt-, Pfefferminz-, Rum-Nuss- oder weiße Schokolade – die Auswahl ist riesig.

- Schokoröllchen (mit dem Sparschäler abgezogen von einer gekühlten Tafel Schokolade) sind besonders dekorativ. Man kann sie zusätzlich noch mit etwas Kakao bestreuen.

Saucen

- Ganz klassisch sind Vanille-, Schokoladen- und Karamellsauce – auch hier kann mit einem Schuss Likör, zum Beispiel Eierlikör, Kirschlikör oder Mandellikör aufgepeppt werden

- Etwas ausgefallener sind Ahornsirup oder Zuckerrübensirup, geschmolzene Nuss-Nougat-Creme oder flüssiger Honig. Im Bioladen gibt es auch eine Auswahl an Mandelmus und Peanutbutter, die sich ebenfalls als Sauce eignen.

Weiche Zugaben

- Neben Muffins, Brownies und Käsekuchen, den amerikanischen Klassikern – schmecken auch Butter- und Zuckerkuchen wunderbar zum Eis, ebenso wie Nuss- und Schokoladenkuchen. Eine prima Ergänzung zu Schokoladen- und Fruchteis ist saftiger Zitronenkuchen

- Zugaben wie Gummibärchen und Marshmallows sind nicht nur bei Kindern beliebt. Ein Gang durch das Süßigkeitenregal bietet hier eine immense Auswahl.

Alphabetisches Rezeptregister

ISBN: 978-3-8094-2968-5

Innenlayout, Umschlag- und Boxgestaltung: Atelier Versen, Bad Aibling
Projektleitung dieser Ausgabe: Birte Schrader
Fotos und Foodstyling: Karl Newedel, München
Mit Ausnahme von: Fotolia: 11 (Springfield Gallery); Südwest Verlag: 8 (Rolf Seiffe), 75 (Maja Smend), 19 (Martina Urban)
Bildredaktion: Martina Fuchs
Herstellung: Elke Cramer

Repro: Artilitho snc, Lavis (Trento)
Satz: Nadine Thiel | kreativsatz, Baldham
Druck: Mohn media Mohndruck GmbH, Gütersloh

Printed in Germany

FSC www.fsc.org MIX Papier aus verantwortungsvollen Quellen FSC® C011124

Das für diesen Titel verwendete Papier *Profimatt* wurde produziert von Sappi Ehingen.

29590112X 817 2635 4453 6271